Inhalt

Verkrampfte Liebe - KMU haben das Internet für sich entdeckt, werden aber nicht so richtig warm damit

Kernthesen

Beitrag

Fallbeispiele

Weiterführende Literatur

Impressum

Verkrampfte Liebe - KMU haben das Internet für sich entdeckt, werden aber nicht so richtig warm damit

Harald Reil

Kernthesen

- Webauftritte von kleinen und mittleren Unternehmen (KMU) gelten unter Experten als stark verbesserungsbedürftig.
- Neben einem Hang zur Selbstdarstellung kranken viele Websites daran, dass sie niemand in den unermesslichen Weiten des Internets findet.
- Professionelle Webauftritte sind die Voraussetzung für professionellen E-

Commerce. KMU-Online-Ratgeber geben Auskunft, was alles dazugehört.
- Es ist zu erwarten, dass auch KMU-Websites besser werden. Denn wer sich nicht weiterentwickelt, wird von der Konkurrenz ganz einfach an die Wand gespielt.

Beitrag

Fataler Fehler: Viele KMU haben in ihren Internetauftritten einen Hang zur Selbstdarstellung

In seinem internationalen Bestseller "The World Is Flat: A Brief History of the Twenty-First Century" zeichnet der US-amerikanische Journalist Thomas Friedmann ein facettenreiches Bild von der globalisierten Welt. Unter anderem skizziert er die neuen Möglichkeiten in punkto Marketing und Verkauf, die die Kommunikationsrevolution Firmen beschert hat. Nicht nur Konzerne, sondern auch kleine und mittlere Unternehmen (KMU) würden davon profitieren. Friedmans Beobachtung wird in der Theorie niemand widersprechen, in der Praxis allerdings hinken noch viele KMU der Entwicklung hinterher. Es scheint, als nutzten sie das Internet lediglich zur Selbstdarstellung, anstatt ihre Angebote tatsächlich auf die Wünsche und Bedürfnisse ihrer Kunden abzustimmen - ein fataler Fehler, der viel Geld und vielleicht sogar das Geschäft kosten kann. (1), (2), (3)

KMU-Websites gehen in den unermesslichen Weiten des Webs leicht verloren

Dass sich die Investition in einen professionell gestalteten Internetauftritt auch für KMU lohnt, wiederholen E-Commerce-Experten schon seit langem wie ein Mantra. Ebenso wichtig oder vielleicht sogar noch entscheidender ist: Viele KMU scheinen nicht zu berücksichtigen, dass potenzielle Kunden ihre Seiten auch finden müssen. Besonders Internetauftritte, die auf einem CM-System basieren oder die mit Flash programmiert wurden, gehen in den unermesslichen Weiten des Webs leicht unter. Firmen, die auch im Internet im Rampenlicht stehen wollen, sollten daher schon vor der Programmierung klären, ob sich die Kardinalbedingung der späteren guten Auffindbarkeit auch wirklich erfüllen lässt. Sie ist aber nur dann gegeben, wenn die Möglichkeit der kontinuierlichen Suchmaschinenoptimierung schon von Anfang an berücksichtigt wird. Andernfalls tritt folgendes Worst-Case-Szenario ein: Der Webauftritt muss noch einmal programmiert werden. (2)

Online-Service ist stark ausbaufähig

Die reine Präsentation des Unternehmens als elektronische Visitenkarte im Web reicht heute nicht mehr aus, um bestehende wie potentielle Kunden anzusprechen. Gefragt sind vielmehr attraktiver Content und relevante Interaktionsmöglichkeiten. Die Autoren des KMU-Online-Ratgebers "Website-Gestaltung" haben in einer Umfrage unter 5 500 Befragten allerdings folgende Ergebnisse zutage gefördert: Erst 13 Prozent der KMU haben auf ihren Websites einen Rückrufservice für ihre Kunden installiert; immerhin etwas mehr als 60 Prozent warten mit einem Kontaktformular oder einer Service-E-Mail-Adresse auf. Obwohl die zweite Zahl Anlass zur Hoffnung gibt, steht doch fest, dass der Online-Service noch stark verbesserungsfähig ist. (1), (4)

Trends

Marktdruck wird die Websites von KMU schnell professionalisieren

Die Zukunft des Handels liegt zweifellos im Internet. Auch zahlreiche kleine und mittlere Unternehmen haben diesen Trend bereits erkannt. Im seltsamen Kontrast dazu steht bisher noch der Widerwille vieler KMU, in einen gut gemachten Webauftritt zu investieren. Das mag allerdings auch daran liegen, dass sich die Verantwortlichen angesichts der rasanten technologischen Entwicklung überfordert fühlen. Dennoch gilt: Wer sich nicht schleunigst mit dem Netz als neuer Marketing- und Verkaufsplattform beschäftigt und seine Internetpräsenz auf die Höhe der Zeit bringt, sieht im Vergleich mit der Konkurrenz schnell alt aus. Der Druck der Wettbewerber wird also zwangsläufig dazu führen, dass immer mehr KMU ihre Websites professionalisieren.

Fallbeispiele

Online-Ratgeber zur Verbesserung von KMU-Websites

Wenn auch grundsätzlich gilt, dass sich KMU bei der

Erstellung ihrer Internetauftritte professionelle Hilfe ins Haus holen sollten, ist es doch nie verkehrt, sich auch selbst mit der Materie zu beschäftigen. Nur so lassen sich die richtigen Fragen stellen beziehungsweise die richtigen Wünsche äußern. Um diesen Schritt zu erleichtern, gibt es inzwischen durchaus hilfreiche Ratgeber. So hat unter anderem das Netzwerk Elektronischer Geschäftsverkehr (NEG) in Zusammenarbeit mit dem E-Commerce-Center Handel (ECC Handel), der IT-Akademie Mainz und den Kompetenzzentren für elektronischen Geschäftsverkehr Rheinland-Pfalz und Saar den Online-Ratgeber "Website-Gestaltung" entwickelt. Zu finden ist er unter www.ratgeber.website.net. Anhand von zwölf Fragen können sich KMU darüber informieren, welche Anforderungen ihre Website hinsichtlich Gestaltung, Organisation, Technik und rechtliche Vorschriften erfüllen muss. Ausgehend von den Antworten, macht der Ratgeber Vorschläge, wie sich die Website optimieren lässt. (4)

Auch österreichische KMU haben Nachholbedarf

Die KMU unseres Nachbarlandes Österreich stehen in der Nutzung des Internets europaweit zwar an der Spitze: 76 Prozent der kleinen und mittleren Firmen haben bereits eine Online-Präsenz; 95 Prozent davon verwenden sie auch, um sich und ihre Produkte darzustellen. Allerdings machen nur 27 Prozent der Unternehmen von der Möglichkeit Gebrauch, ihre Waren und Services auch über das Netz zu vertreiben. Für österreichische KMU scheint also ebenfalls zu gelten, was für ihre deutschen Pendants zutrifft: So richtig warm geworden sind sie noch nicht mit dem Netz der Netze. (5)

Biolebensmittelläden haben online eine Chance, andere Lebensmittelgeschäfte eher nicht

Keine guten Karten haben KMU, die online Lebensmittel verkaufen wollen. Das zumindest ist die Meinung von Peter Voithofer, Handelsexperte der KMU Forschung Austria. Bei Biolebensmitteln macht Voithofer allerdings eine Ausnahme. Nischenanbieter könnten sich durchaus etablieren - eine Einschätzung, die auch auf den deutschen Markt zutreffen dürfte. Doch für sie gilt ebenfalls: Auch online muss der Service stimmen. (6)

hybris Software verspricht bessere E-Commerce-Lösungen für KMU

hybris Software, ein international agierender Experte für Multichannel-Marketing, verspricht für das Jahr 2012 noch bessere E-Commerce-Lösungen auch für KMU. Mit der neuen Version des Multichannel Accelators lassen sich E-Commerce-Lösungen noch effizienter gestalten. Die Software bietet unter anderem Produkt-, Content- und Bestellmanagementfunktionen und ist außerdem mit einem Marketing- und Merchandisingsystem ausgestattet. Zu den bisherigen Kunden von hybris software zählen beispielsweise Adidas, Lufthansa, Douglas, Reebok und Ericsson. (7)

Amerikanischer Paketversender will KMU durch aggressive Preispolitik für sich gewinnen

Wie sehr E-Commerce auch im KMU-Sektor im Kommen ist, zeigt der Vorreiter USA. Equa Ship, ein neuer Paketversender, will den Großen der Branche, UPS und FedEx, das KMU-Geschäft im E-Commerce streitig machen. Mithilfe einer aggressiven Preispolitik - Equa Ship verschickt im Vergleich mit der Konkurrenz Inlandssendungen zwischen 26 und 77 Prozent, internationale Sendungen gar zwischen 70 und 88 billiger - hofft das Start-Up-Unternehmen, den übermächtig scheinenden Wettbewerbern ein

Bein zu stellen. (8)

Weiterführende Literatur

(1) 11 Tipps von Experten
aus ChannelPartner.de, Meldung vom 23.11.2011

(2) Erste Hilfe - Homepage-Tuning lohnt sich
aus ProFirma, Vol. 14, Heft 11/2011, S. 74-75

(3) Total lokal
aus acquisa, Vol. 55, Heft 11/2009, S. 30-32

(4) Optimierter Kundenservice via Internet
aus Absatzwirtschaft Sonderausgabe zum Deutschen Marketingtag vom 05.11.2010 Seite 080

(5) Heimische KMU entdecken E-Commerce
aus "Computerwelt" Nr. 10 / 2011 vom 19.05.2011

(6) Kaufen rund um die Uhr: Online boomt
aus Die Presse vom 2011-07-01, Seite: 15

(7) Neue Wege im Marketing
aus "Regal" Nr. 11/11 vom 01.12.2011 Seite: 118

(8) EquaShip setzt auf KMU-Kunden
aus DVZ, Nr. 134 vom 08.11.2011

Impressum

Verkrampfte Liebe - KMU haben das Internet für sich entdeckt, werden aber nicht so richtig warm damit

Bibliografische Information der deutschen Nationalbibliothek

Die Deutsche Nationalbibliothek verzeichnet diese Publikation in der deutschen Nationalbibliografie; detaillierte bibliografische Daten sind im Internet über http://dnb.d-nb.de abrufbar.

ISBN: 978-3-7379-0794-1

© 2015 GBI-Genios Deutsche Wirtschaftsdatenbank GmbH, Freischützstraße 96, 81927 München, www.genios.de

Alle Rechte vorbehalten. Dieses Werk ist einschließlich aller seiner Teile – z.B. Texte, Tabellen und Grafiken - urheberrechtlich geschützt. Jede Verwertung außerhalb der Grenzen des Urheberrechtsgesetzes bedarf der vorherigen Zustimmung des Verlags. Dies gilt insbesondere auch für auszugsweise Nachdrucke, fotomechanische Vervielfältigungen (Fotokopie/Mikroskopie), Übersetzungen, Auswertungen durch Datenbanken oder ähnliche Einrichtungen und die Einspeicherung und Verarbeitung in elektronischen Systemen.